Impressum
Verlag: BABADADA GmbH, Nedderfeld 112 , 22529 Hamburg
Geschäftsführer / Verlagsleitung: Harald Hof
Druck: Books on Demand GmbH, In de Tarpen 42, 22848 Norderstedt

Imprint
Publisher: BABADADA GmbH, Nedderfeld 112 , 22529 Hamburg, Germany
Managing Director / Publishing direction: Harald Hof
Print: Books on Demand GmbH, In de Tarpen 42, 22848 Norderstedt

ትምህርት ቤት

école

መማሪያ ክፍል
salle de classe
ማካፈል
diviser
186/2
ሰሌዳ
tableau noir
የትምህርት ቤት ቅጥር ግቢ
cour (de récréation)
መምህር
professeur
ወረቀት
papier
écrire
እስክሪብቶ
stylo
መፃፊያ ጠረጴዛ
bureau
ማስመሪያ
règle
መጽሐፍ
livre
ተማሪ
élève

የጀርባ ቦርሳ

cartable

የእርሳስ መያዣ

trousse

እርሳስ

crayon

የእርሳስ መቅረጫ

taille-crayon

ላጲስ

gomme

የስዕል ደብተር

carnet à dessin

ስዕል

dessin

የቀለም ብሩሽ

pinceau

የቀለም ሳጥን

boîte de peinture

መቀስ

ciseaux

ማጣበቂያ

colle

መልመጃ ደብተር

cahier d'exercices

የቤት ስራ

devoirs

12

ቁጥር

chiffre

2+2

መደመር

additionner

5-2

መቀነስ

soustraire

2×2

ማባዛት

multiplier

ቁጥሮችን ማስላት

calculer

A

ደብዳቤ

lettre

ABCDEFG
HIJKLMN
OPQRSTU
VWXYZ

ፊደላት

alphabet

ቃል

mot

ፅሑፍ

texte

ማንበብ

lire

ጠመኔ

craie

ትምህርት

leçon

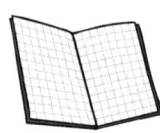

ምዝገባ

livre de classe

ፈተና

examen

ሰርተፊኬት

certificat

የትምህርት ቤት የደንብ ልብስ

uniforme scolaire

ትምህርት

formation

አዉደ ጥበብ

lexique

ዩኒቨርስቲ

université

የምርምር አጉሊ መሳርያ

microscope

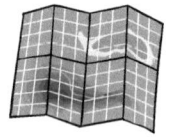

ካርታ

carte

የቆሻሻ ወረቀት መጣያ ቅርጫት

corbeille à papier

ሆቴል
hôtel
Grand
ማረፊያ ቤት
auberge
የውጭ ገንዘብ ምንዛሪ ቢሮ
bureau de change
ልብስ መያዣ ሻንጣ
valise
መኪና
voiture

ቋንቋ

langue

አዎ/ አይደለም

oui / non

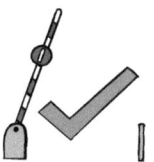

እሺ

d'accord

ሰላም

Salut

አስተርጓሚ

interprète

አመሰግናለሁ

merci

ስንት ነዉ.......?

Combien coûte...?

አልገባኝም

Je ne comprends pas

እክል

problème

እንደምን አመሹ!

Bonsoir !

እንደምን አደሩ!

Bonjour !

መልካም ምሽት!

Bonne nuit !

ደህና ይሰንብቱ

Au revoir

አቅጣጫ

direction

ሻንጣ

bagages

ቦርሳ

sac

የጀርባ ቦርሳ

sac-à-dos

እንግዳ

hôte

ክፍል

pièce

የመተኛ ቦርሳ

sac de couchage

ድንኳን

tente

የጎብኚዎች መረጃ

office de tourisme

የባህር ዳርቻ

plage

ክሬዲት ካርድ

carte de crédit

ቁርስ

petit-déjeuner

ምሳ

déjeuner

እራት

dîner

ቲኬት

billet

አሳንሰር

ascenseur

ማህተም

timbre

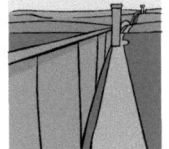

ድንበር

frontière

ባህሎች

douane

ኤምባሲ

ambassade

ቪዛ/የይለፍ ወረቀት

visa

ፓስፖርት

passeport

መጓጓዣ

transport

አዉሮፕላን
avion
መርከብ
navire
የእሳት አደጋ መኪና
véhicule de pompiers
bus
የጭነት መኪና
camion
የሞተር ጀልባ
bateau à moteur
ብስክሌት
bicyclette
መኪና
voiture

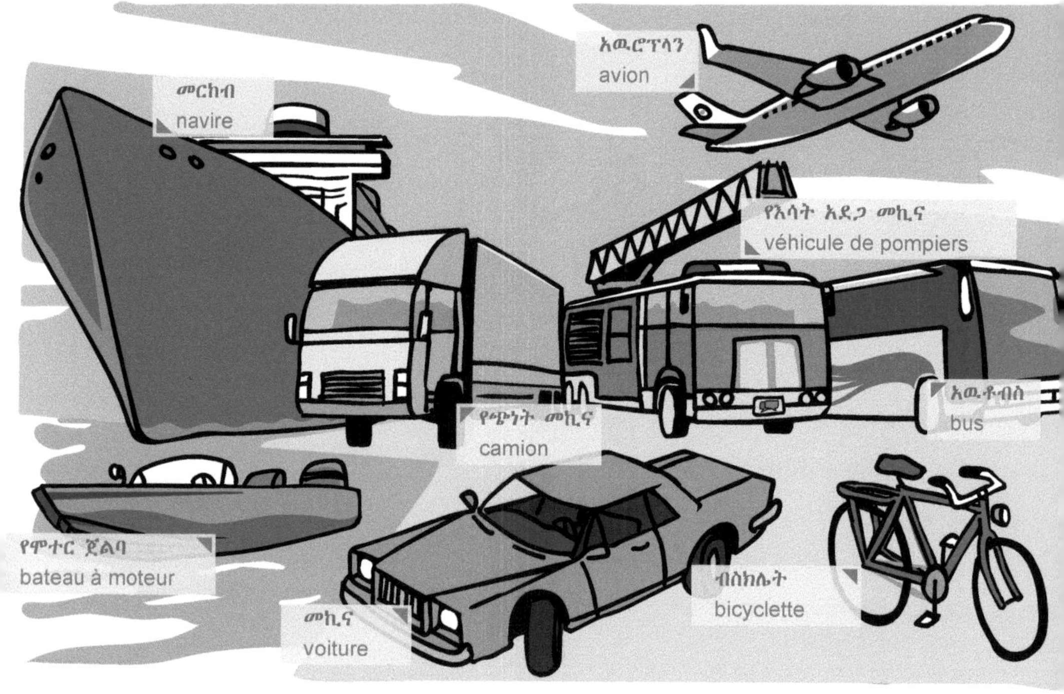

የማመላለሻ ጀልባ
ferry

ጀልባ
barque

የሞተር ብስክሌት
moto

የፖሊስ መኪና
voiture de police

የዉድድር መኪና
voiture de course

የኪራይ መኪና
voiture de location

የመኪና መጋራት

....

auto-partage

ጎታች መኪና

....

voiture de remorquage

የቆሻሻ ጭነት መኪና

....

benne à ordures

ሞተር

....

moteur

ነዳጅ

....

essence

የቤንዚን ማደያ

....

station d'essence

የመንገድ ምልክት

....

panneau indicateur

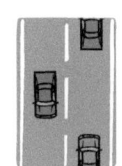

የመኪኖች እንቅስቃሴ

....

trafic

የመኪና መጨናነቅ

....

embouteillage

የመኪና ማቆሚያ

....

parking

የባቡር ጣቢያ

....

gare

የባቡር ሀዲዶች

....

rails

ባቡር

....

train

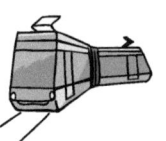

የኤሌክትሪክ ባቡር

....

tramway

ሰረገላ

....

wagon

ሄሊኮፕተር

héliocoptère

አየር ማረፊያ

aéroport

ማማ

tour

መንገደኛ

passager

ማስቀመጫ፤ ማጠራቀሚያ

conteneur

ካርቶን እቃ ማሸጊያ

carton

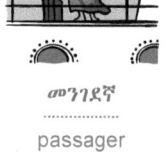

ጋሪ፤ ተሳቢ

chariot

ቅርጫት

corbeille

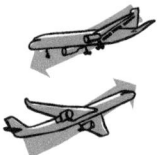

መነሳት/ ማረፍ

décoller / atterrir

ከተማ

ville

መንደር

village

የከተማ ማዕከል

centre-ville

ቤት

maison

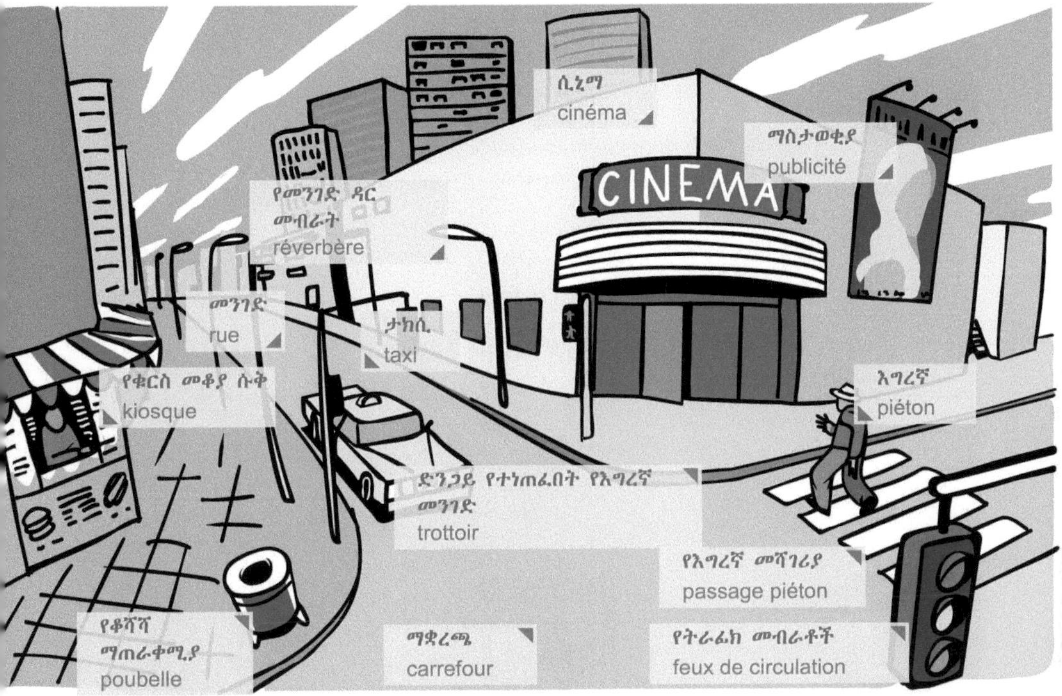

ሲኒማ
cinéma
CINEMA
ማስታወቂያ
publicité
የመንገድ ዳር መብራት
réverbère
መንገድ
rue
ታክሲ
taxi
የቁርስ መቆያ ሱቅ
kiosque
እግረኛ
piéton
ድንጋይ የተነጠፈበት የእግረኛ መንገድ
trottoir
የእግረኛ መሻገሪያ
passage piéton
የቆሻሻ ማጠራቀሚያ
poubelle
ማቋረጫ
carrefour
የትራፊክ መብራቶች
feux de circulation

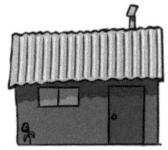

ጎጆ

cabane

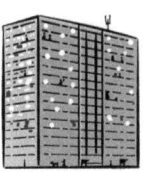

አፓርታማ

appartement

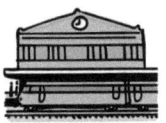

የባቡር ጣቢያ

gare

የከተማ አዳራሽ

mairie

MUSEUM

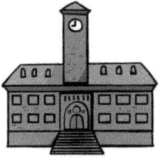

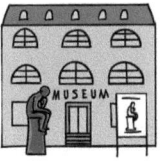

ቤተ መዘክር

musée

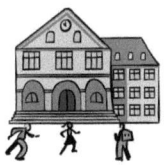

ትምህርት ቤት

école

ዩኒቨርስቲ

université

ባንክ

banque

ሆስፒታል

hôpital

ሆቴል

hôtel

መድሐኒት ቤት

pharmacie

ቢሮ

bureau

መፅሐፍ መሸጫ

librairie

ሱቅ

magasin

የአበባ መሸጫ

fleuriste

የሸቀጣ ሸቀጥ መደብር

supermarché

ገበያ ስፍራ

marché

መደብር

grand magasin

የዓሳ ነጋዴ

poissonnerie

የገበያ ማዕከል

centre commercial

ወደብ

port

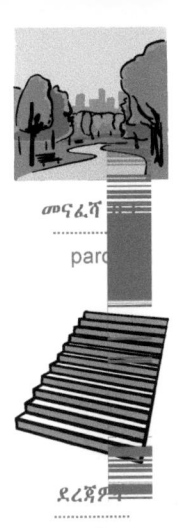

መናፈሻ
parc

አግዳሚ ወንበር
banque

ድልድይ
pont

ደረጃዎች
escaliers

ዉስጥ ለዉስጥ
métro

ዋሻ
tunnel

የአዉቶቡስ ፌርማታ
arrêt de bus

ባር
bar

ምግብ ቤት
restaurant

የፖስታ ሳጥን
boîte à lettres

የመንገድ ምልክት
panneau indicateur

የመኪና ማቆሚያ ሒሳብ የሚያሰላ ማሽን
parcmètre

የደር እንስሳት ማቆያ
zoo

የመዋኛ ገንዳ
piscine

መስጊድ
mosquée

እርሻ

ferme

የሚበክል ነገር

pollution

ቃብር ስፍራ

cimetière

ቤተ ክርስቲያን

église

ጫወቻ ሜዳ

aire de jeux

ቤተ ቅደስ

temple

መልከዓምድር

paysage

ቅጠል
feuille
የ ንገድ ላይ ምልክት
panneau indicateur
ንገድ
chemin
አረንጓዴ ስክ
pré
ድንጋይ
pierre
በእግሩ የሚጓዝ
randonneur
ዛፍ
arbre
ወንዝ
rivière
ሳር
herbe
አበባ
fleur

ሸለቆ

vallée

ኮረብታ

montagne

ሀይቅ

lac

ጫካ

forêt

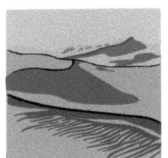

በረሃ

désert

እሳተ ገሞራ

volcan

ግምብ

château

ቀስተ ዳመና

arc-en-ciel

እንጉዳይ

champignon

የቴምብር ዛፍ/ ዘንባባ

palmier

ቢንቢ/ የወባ ትንኝ

moustique

በራሪ

mouche

ጉንዳን

fourmis

ንብ

abeille

ሸረሪት

araignée

ጢንዚዛ

coléoptère

እንቁራሪት

grenouille

ሽኮኮ

écureuil

ጃርት

hérisson

ጥንቸል

lièvre

ጉጉት ወፍ

chouette

ወፍ

oiseau

የዉሃ ዳክዬ

cygne

ከርከሮ

sanglier

አጋዘን

cerf

አጋዘን

élan

ግድብ

barrage

በነፋስ የሚሽከረከር

éolienne

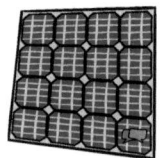

የፀሀይ ፓኔሎ

panneau solaire

አየር ንብረት

climat

ምግብ ቤት

restaurant

አስተናጋጅ
serveur
ማዉጫ
menu
ወንበር
chaise
ሾርባ
soupe
ፒዛ
pizza
መክተፊያ
couverts
የጠረጴዛ ጨርቅ
nappe

የምግብ ፍላጎትን የሚከፍት ምግብ

hors d'œuvre

ዋና ምግብ

plat principal

ማጣጣሚያ ተከታይ ምግብ

dessert

መጠጦች

boissons

ምግብ

alimentation

ጠርሙስ

bouteille

ፈጣን ምግብ

fast-food

የመንገድ ምግብ

plats à emporter

የሻይ ማንቆርቆሪያ

théière

የስኳር እቃ

sucrier

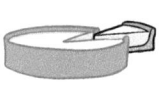

ድርሻ

portion

የቡና ማፊያ ማሽን

machine à expresso

ባለጌ ወንበር

chaise haute

የክፍያ ደረሰኝ

facture

ትሪ

plateau

ቢላዋ

couteau

ሹካ

fourchette

ማንኪያ

cuillère

የሻይ ማንኪያ

cuillère à thé

ልብስ ምግብ እንዳይነካ የሚረዳ ጨርቅ

serviette

ብርጭቆ

verre

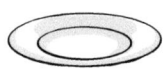

ዝርግ ሰሀን

assiette

የሾርባ ጎድጓዳ ሰሀን

assiette à soupe

የስኒ ማስቀመጫ

soucoupe

ማጣፈጫ ስጎ

sauce

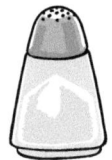

የጨዉ እቃ

salière

የተፈጨ ቃሪያ

moulin à poivre

ኮምጣጤ

vinaigre

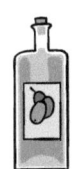

የምግብ ዘይት

huile

ቀመማ ቅመሞች

épices

የቲማቲም ድልህ

ketchup

ሰናፍጭ

moutarde

ማዮኒዝ

mayonnaise

የሸቀጣ ሸቀጥ መደብር

supermarché

ልዩ አቅራቦት
offre promotionnelle
ደምበኛ
client
የወተት ተዋፅዖ
produits laitiers
ፍራፍሬ
fruits
ባለ ጎማ የእጅ ጋሪ
chariot

ሉካንዳ ነጋዴ

boucherie

መጋገሪያ

boulangerie

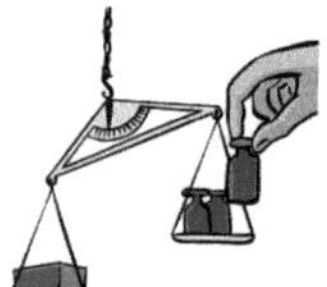

ክብደት መመዘን

peser

ቅጠላ ቅጠል አትክልት

légumes

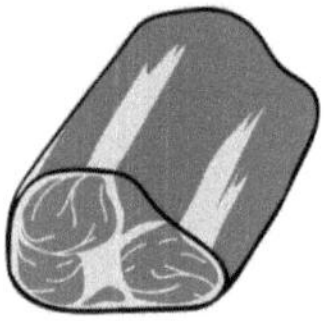

ስጋ

viande

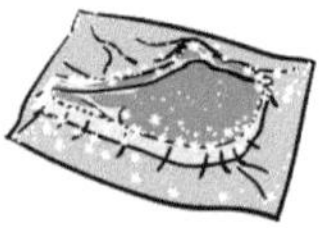

የቀዘቀዘ/የረጋ ምግብ

aliments surgelés

ቀዝቃዛ ቁራጭ

....

charcuterie

የታሸገ ምግብ

....

conserves

የማጠቢያ ዱቄት

....

poudre à lessive

ጣፋጮች

....

bonbons

የቤት ዉስጥ ዉጤቶች

....

articles ménagers

የፅዳት ምርቶች

....

détergents

የሽያጭ ባለሙያ

....

vendeuse

የገንዘብ መመዝቢያ ማሽን

....

caisse

የሒሳብ ሰራተኛ

....

caissier

የግዢ ዝርዝር

....

liste d'achats

ክፍት ሰዓታት

....

heures d'ouverture

የኪስ ቦርሳ

....

portefeuille

ክሬዲት ካርድ

....

carte de crédit

ቦርሳ

....

sac

የፕላስቲክ ቦርሳ

....

sac en plastique

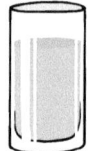

ውሃ

eau

ጭማቂ

jus de fruit

ወተት

lait

ኮካ-ኮላ

coca

ወይን

vin

ቢራ

bière

አልኮል

alcool

ኮካ

chocolat chaud

ሻይ

thé

ቡና

café

የተፈላ ቡና

expresso

ካፑቺኖ

cappuccino

ምግብ

alimentation

ሙዝ

banane

ፖም

pomme

ብርቱካን

orange

ሀብሀብ

melon

ሎሚ

citron

ካሮት

carotte

ነጭ ሽንኩርት

ail

ሸምበቆ

bambou

ቀይ ሽንኩርት

oignon

እንጉዳይ

champignon

ለዉዝ

noisettes

የህፃናት ምግብ

pâtes

ፓስታ

spaghetti

ሩዝ

riz

ሰላጣ

salade

የድንች ጥብስ

pommes frites

ድንች ጥብስ

pommes de terre rôties

ፒዛ

pizza

ዳቦ ዉስጥ በስሱ ተጠብሶ የገባ ስጋ

hamburger

ሳንድዊች

sandwich

ጥሬ ስጋ

escalope

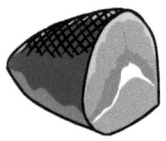

የአሳማ ስጋ

jambon

በቅመምና በጨዉ የታሸ ምግብ
ቀዝቅዞ የሚበላ ሾርባ ምግብ

salami

ቋሊማ

saucisse

ዶሮ

poulet

ጥብስ

rôti

አሳ

poisson

የአጃ ገንፎ
flocons d'avoine

ከወተት ጋር ተደባልቀዉ የሚበሉ
ምግቦች
muesli

የበቆሎ ቅርፊት
cornflakes

ዱቄት
farine

ኩራሳ
croissant

ድብልብል ዳቦ
petits-pains

ዳቦ
pain

መጥበስ
pain grillé

ብስኩት
biscuits

ቅቤ
beurre

እርጎ
le fromage blanc

ኬክ
gâteau

እንቁላል
œuf

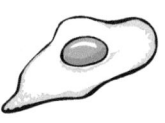

እንቁላል ጥብስ
œuf au plat

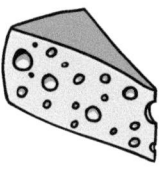

አይብ
fromage

የበረዶ ክሬም

glace

ስኳር

sucre

ማር

miel

ማርማላት

confiture

የተናጠ የወተት ክሬም

crème nougat

ማጣፈጫ

curry

የገበሬ ቤት
ferme

የእህልና የከብት ማቀመጫ ቤት
grange

የጭድ ክምር
botte de paille

ሜዳ
champ

ፈረስ
cheval

ተሳቢ መኪና
remorque

የፈረስ ዉርንጭላ
poulain

የእርሻ መኪና
tracteur

አህያ
âne

በግ
mouton

የበግ ጠቦት
agneau

ፍየል
chèvre

ላም
vache

ጥጃ
veau

አሳማ
porc

ግልገል አሳማ
porcelet

ኮርማ
taureau

ዝይ
....
oie

ዳክዬ
....
canard

የዶሮ ጫጩት
....
poussin

ዶር
....
poule

አዉራ ዶሮ
....
coq

አይጥ
....
rat

ደድመት
....
chat

አይጥ
....
souris

በሬ
....
bœuf

ዉሻ
....
chien

የዉሻ ቤት
....
chenil

የአትክልት ቦታ
....
tuyau de jardin

ዉሃ ማጠጫ ባልዲ
....
arrosoir

ረጅም ማጭድ
....
faucheuse

ማረሻ
....
charrue

ማጭድ

faucille

መኮትኮቻ

pioche

የእህል መንሽ

fourche

መጥረቢያ

hache

ኩርኩር/ የእጅ ጋሪ

brouette

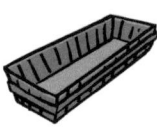

ገንዳ

cuve

የወተት ዕቃ

pot à lait

ጆንያ ከረጢት

sac

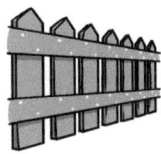

አጥር

clôture

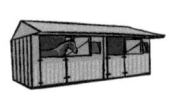

የፈረስ ጋጣ

étable

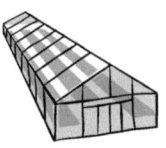

ዕፅዋት ማሳደጊያ የመስታዉት ቤት

serre

አፈር

sol

ዘር

semences

የመሬት ማዳበሪያ

engrais

ጥምር ማረሻ

moissonneuse-batteuse

አዝመራ መሰብሰብ

récolter

አዝመራ

récolte

ድንች

igname

ስንዴ

blé

ሶያ

soja

ድንች

pomme de terre

በቆሎ

maïs

የከብት መኖ

colza

የፍሬ ዛፍ

arbre fruitier

የካሳቫ ዛፍ

manioc

እህል

céréales

ቤት
maison

የጪስ ማዉጫ
cheminée
ጣራ
toit
gouttière
መስኮት
fenêtre
ጋራዥ
garage
የበር ደወል
sonnette
በር
porte
የቆሻሻ ማጠራቀሚያ
poubelle
ፖስታ ሳጥን
boîte aux lettres
የአትክልት ቦታ
jardin

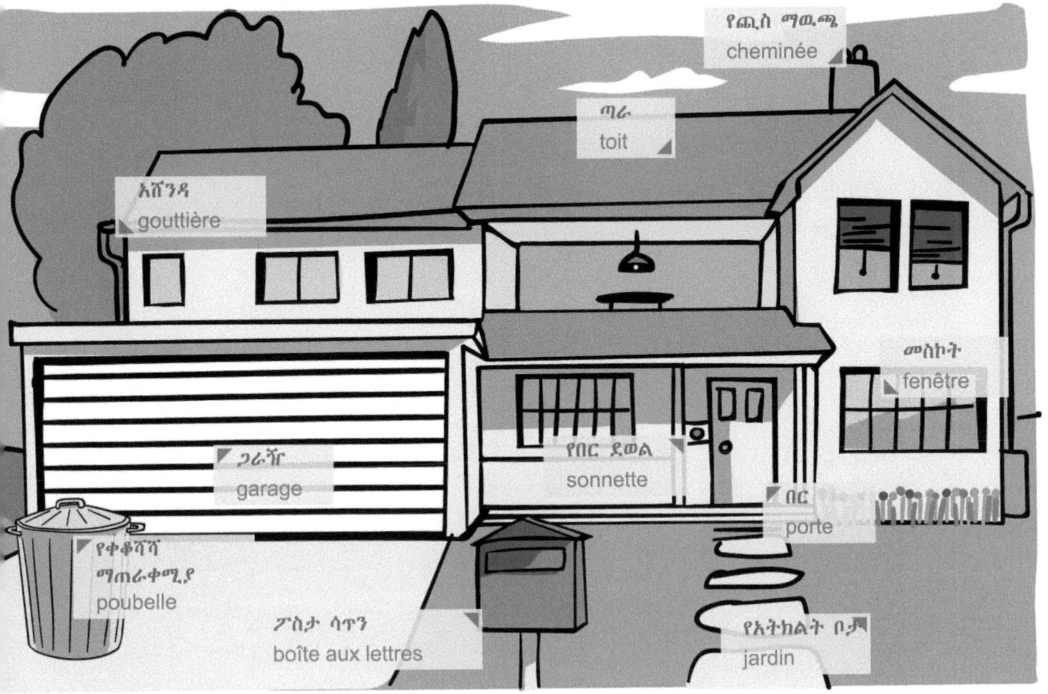

ሳሎን

salon

መታጠቢያ ቤት

salle de bain

ማድቤት

cuisine

መኝታ ቤት

chambre à coucher

የልጅ ክፍል

chambre d'enfant

መመገቢያ ክፍል

salle à manger

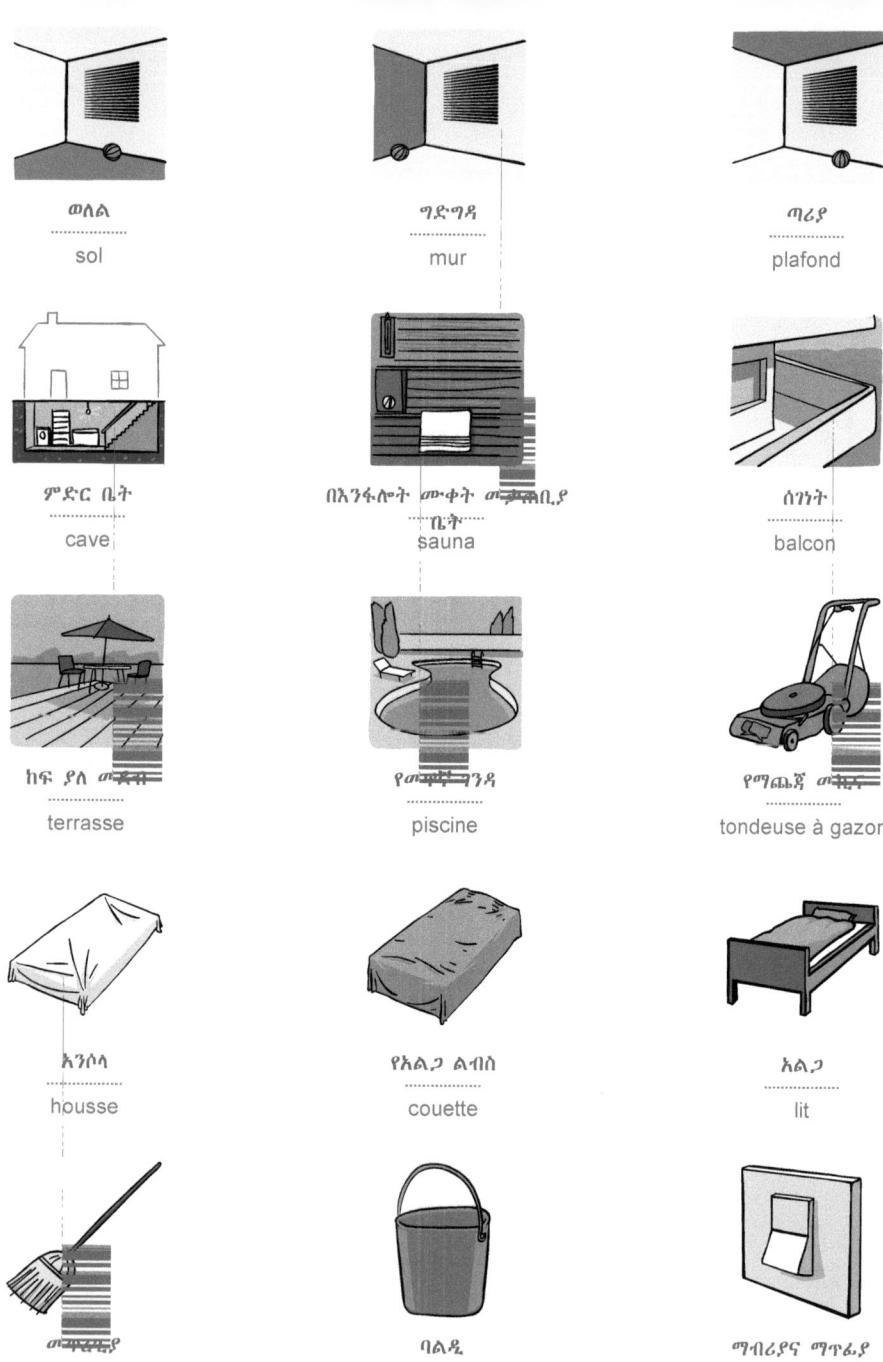

ወለል

sol

ግድግዳ

mur

ጣሪያ

plafond

ምድር ቤት

cave

በእንፋሎት ሙቀት መታጠቢያ ቤት

sauna

ሰገነት

balcon

ከፍ ያለ መደብ

terrasse

የመዋኛ ገንዳ

piscine

የማጨጃ መኪና

tondeuse à gazon

እንሶላ

housse

የአልጋ ልብስ

couette

አልጋ

lit

መጥረጊያ

balai

ባልዲ

sceau

ማብሪያና ማጥፊያ

interrupteur

ሳሎን

salon

የግድግዳ ወረቀት
papier peint
ፎቶ
image
መብራት
lampe
መደርደሪያ
étagère
ቁም ሳጥን፣ ካቢኔ
armoire
télé
የእሳት መሞቂያ
cheminée
አበባ
fleur
ትራስ
coussin
ሶፋ
sofa
የአበባ ማስቀመጫ
vase
ሪሞት ኮንትሮል
télécommande

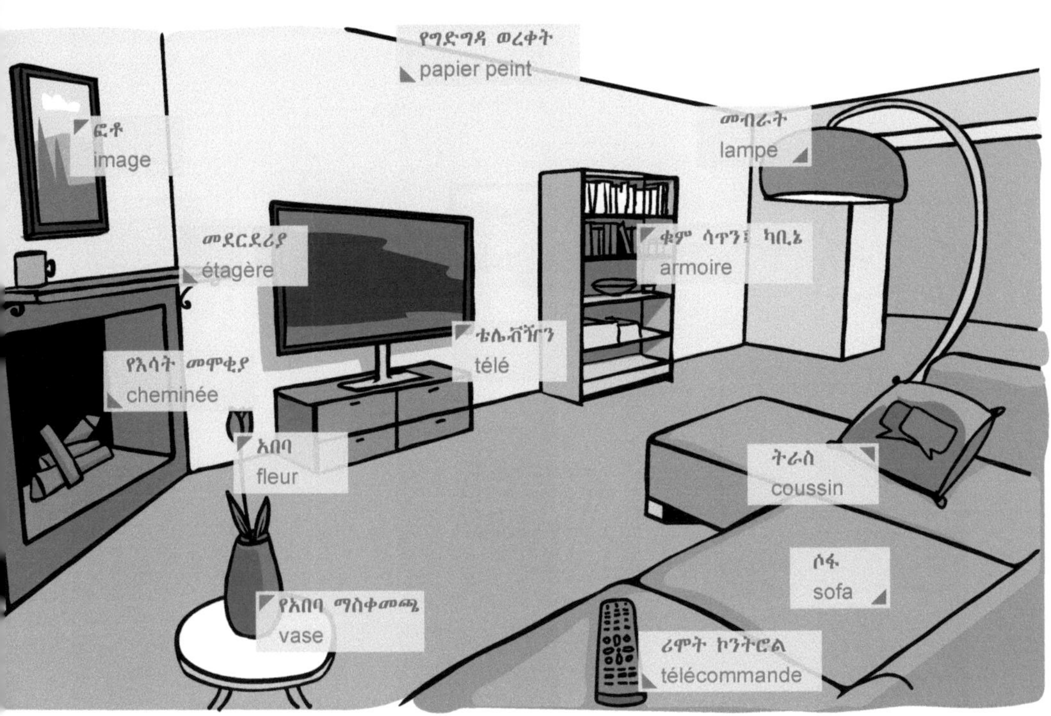

ንጣፍ

tapis

መጋረጃ

rideau

ጠረጴዛ

table

ወንበር

chaise

ተወዛዋዥ ወንበር

chaise à bascule

ባለመደገፊያ ወንበር

fauteuil

መጽሐፍ
....
livre

ብርድ ልብስ
....
couverture

ጌጥ
....
décoration

ማገዶ
....
bois de chauffage

ፊልም
....
film

የሙዚቃ መማጫወቻ
....
chaîne hi-fi

ቁልፍ
....
clé

ጋዜጣ
....
journal

ስዕል
....
peinture

የተለጠፈ ማስታወቂያ እንደ ስዕል
....
poster

ራዲዮ
....
radio

ማስታወሻ ደብተር
....
bloc-notes

የአየር ማፅጃ ለምንጣፍ
....
aspirateur

ቁልቋል
....
cactus

ሻማ
....
bougie

ማድቤት

cuisine

ማቀዝቀዣ
réfrigérateur
ማይክሮዌቭ ምግብ ማብሰያ
four à micro-ondes
የኩሽና መመዘኛ ሚዛን
balance de cuisine
ዳቦ መጥበሻ
grille-pain
ንፁህ ማድረጊያ
détergent
ምድጃ
four
ማቀዝቀዣ
compartiment congélateur
እቃ ማጠቢያ
lave-vaisselle
የቆሻሻ ማጠራቀሚያ
poubelle

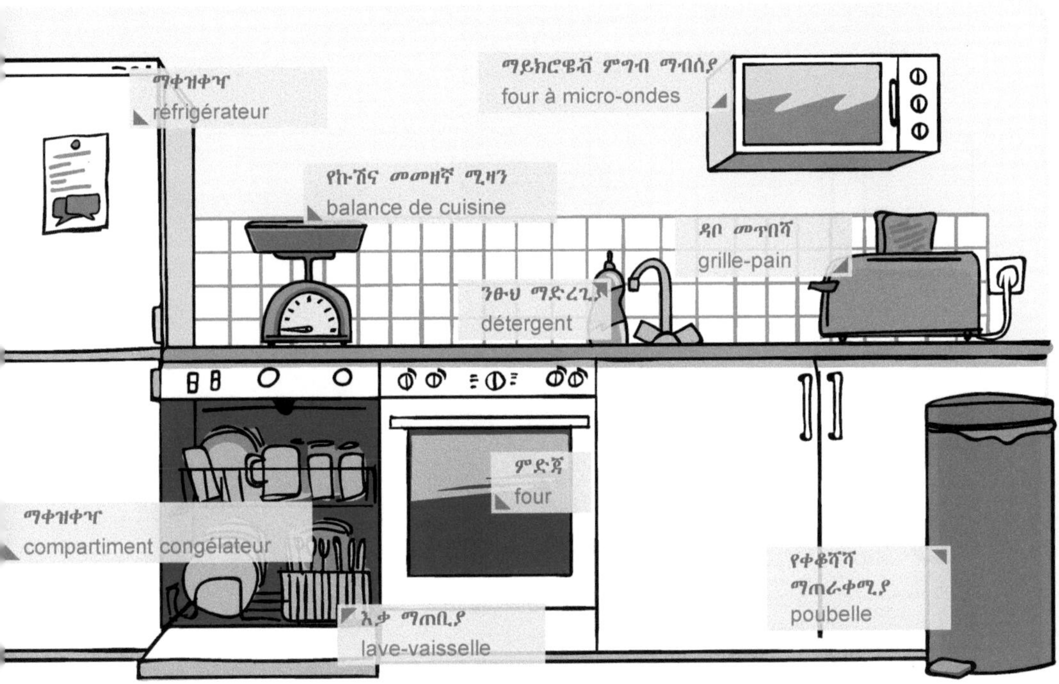

ምግብ አብሳይ

four

ማሰሮ

casserole

የብረት ማሰሮ

marmite

ምግብ ማብሰያ ዝርግ ድስት

wok / kadai

የምግብ መጥበሻ

poêle

ማንቆርቆሪያ

bouilloire electrique

የእንፋሎት ማብሰያ

cuiseur vapeur

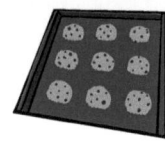

የመጋገሪያ ትሪ

plaque de cuisson

ሰብስቦች

vaisselle

ትልቅ ኩባያ

gobelet

ጎድጓዳ ሳህን

coupe

ቾፕስቲክስ

baguettes

ጭልፋ

louche

መሰቅሰቂያ ዝርግ ማንኪያ

spatule

ማደባለቂያ

fouet

መወጠሪያ

passoire

ወንፊት

tamis

መፈርፈሪያ መሳሪያ

râpe

ሲሚንቶ

mortier

የፍም ጥብስ

barbecue

የተለቀቀ እሳት

cheminée

መክተፊያ

....

planche à découper

ተንሸራታች መርፌ

....

rouleau à pâtisserie

የጠርሙስ መክፈቻ

....

tire-bouchon

ጣሳ

....

boîte

የጣሳ መክፈቻ

....

ouvre-boîte

የማሰሮ መሸፈኛ

....

maniques

ሳህን ማጠቢያ

....

lavabo

ብሩሽ

....

brosse

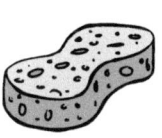

ስፖንጅ

....

éponge

መደባለቂያ መሳሪያ

....

mixeur

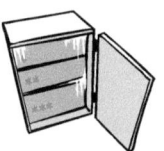

በጣም ማቀዝቀዣ

....

congélateur

ጡጦ

....

biberon

ቧንቧ

....

robinet

መታጠቢያ ቤት

salle de bain

ማሞቂያ
chauffage
ፎጣ
serviette
መታጠቢያ
douche
የመታጠቢያ ቤት መጋረጃ
rideau de douche
የአረፋ መታጠቢያ
bain moussant
የመታጠቢያ ገንዳ
baignoire
ብርጭቆ
verre
የልብስ ማጠቢያ
machine à laver
ቧንቧ
robinet
ማዕዘን ወለል
carrelage
ፖፖ
pot
ሳህን ማጠቢያ
lavabo

ሽንት ቤት

toilettes

የሽንት ቤት መቀመጫ

toilette à la turque

ሳፋ

bidet

የመንገድ ዳር መሽኛ

urinoir

የሽንት ቤት ወረቀት

papier toilette

የሽንት ቤት ማፅጃ ብሩሽ

brosse à toilette

የጥርስ ብሩሽ

....

brosse à dents

የጥርስ ሳሙና

....

dentifrice

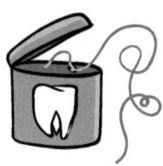

የጥርስ ማፅጃ ክር

....

fil dentaire

መታጠብ

....

laver

የእጅ መታጠቢያ

....

douche manuelle

መታጠቢያ

....

douche intime

ጎድጓዳ ሳህን

....

vasque

የጀርባ ብሩሽ

....

brosse dorsale

ሳሙና

....

savon

መታጠቢያ የሚዝለገለግ ሳሙና

....

gel douche

የፀጉር መታጠቢያ ሳሙና

....

shampooing

ለስላሳ ጨርቅ

....

gant de toilette

ፍሳሽ

....

écoulement

ክሬም

....

crème

ጠረን መቀየሪያ ንጥረ ነገር

....

déodorant

መስታወት
miroir

የእጅ መስታወት
miroir cosmétique

ምላጭ
rasoir

የመላጫ አረፋ
mousse à raser

ከመላጨት በኋላ የሚቀባ ሽቱ
après-rasage

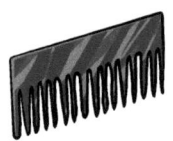

ማበጠሪያ
peigne

ብሩሽ
brosse

የፀጉር ማድረቂያ
sèche-cheveux

በፀጉር ላይ የሚነፋ
laque pour cheveux

የፊት መቀባቢያ
fond de teint

የከንፈር ቀለም
rouge à lèvres

የጥፍር ቀለም
vernis à ongles

የጥጥ ሱፍ
ouate

ጥፍር መቁረጫ
coupe-ongles

ሽቶ
parfum

ማጠቢያ ባልዲ

....

trousse de toilette

መቀመጫ

....

tabouret

ሚዛን

....

pèse-personne

የመታጠቢያ ልብስ

....

peignoir

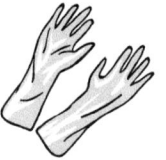

የላስቲክ ጓንት

....

gants de nettoyage

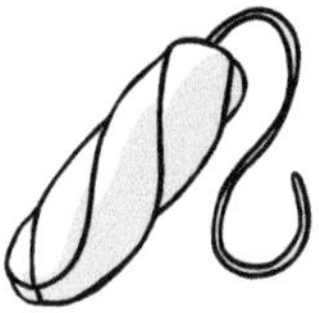

ሞዴስ

....

tampon

የፅዳት ፎጣ

....

serviettes hygiéniques

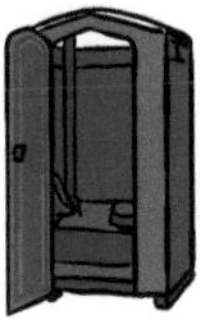

የሽንት ቤት ኬሚካል

....

toilette chimique

የልጅ ክፍል

chambre d'enfant

የማንቂያ ደዉል ሰዐት
réveil
የህፃን አሻንጉሊት
doudou
የመጫወቻ መኪና
voiture jouet
ማንገጫገጫ
መጫወቻ
hochet
የአሻንጉሊት ቤት
maison de poupée
ስጦታ
cadeau

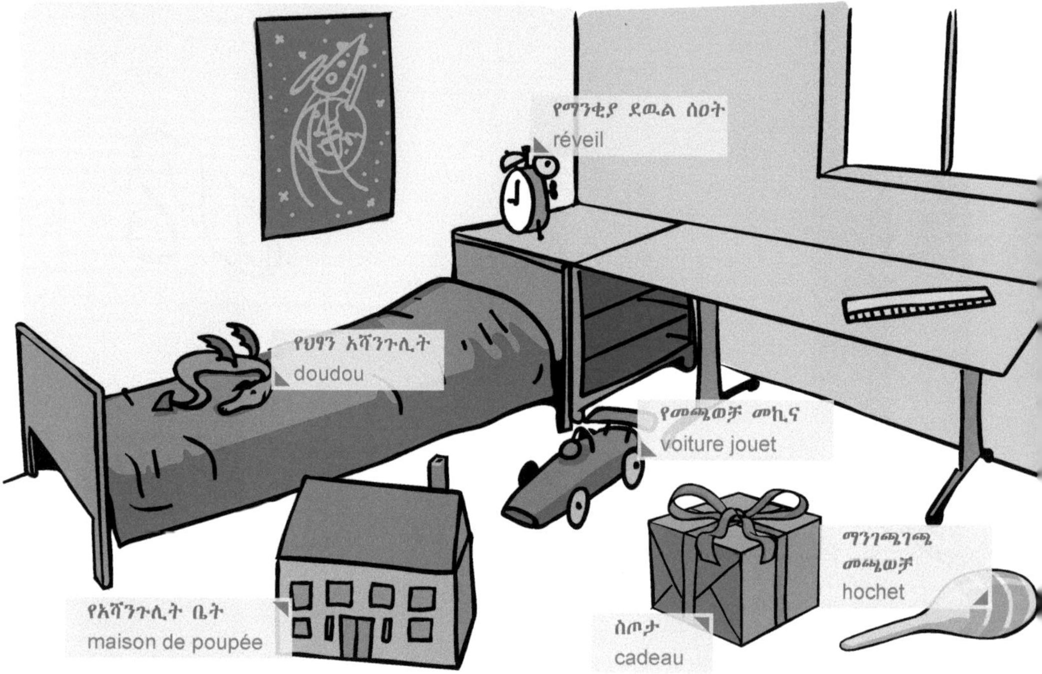

ፊኛ

ballon

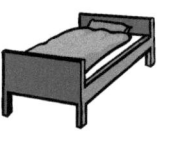

አልጋ

lit

የህፃን ማንሸራሸሪያ ጋሪ

poussette

የካርታ መጫወቻ

jeu de cartes

ቁርጥራጭ ምስሎችን የማገጣጠም
እና ምስል የማግኘት ጨዋታ

puzzle

አዝናኝ

bande dessinée

ተገጣጣሚ መጫወቻ

pièces lego

የመጫወቻ መገጣጠሚያዎች

blocs de construction

የድርጊት ምስል

figurine

የህፃን እድገት

grenouillère

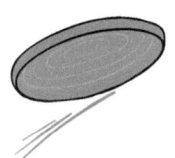

የፕላስቲክ መጫወቻ ዝርግ ሰሀን

frisbee

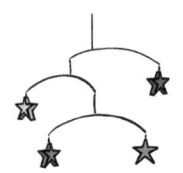

ተወዛዋዥ የህፃን ማጫወቻ

mobile

የሰሌዳ ጨዋታ

jeu de société

የመጫወቻ ጠጠር

dé

የመጫወቻ ባቡር

train miniature

የእንጀራ እናት ጡጦ

sucette

ድግስ

fête

የስዕል መፅሀፍ

livre d'images

ኳስ

balle

አሻንጉሊት

poupée

መጫወት

jouer

የአሸዋ መጫወቻ

bac à sable

ዥዋዥዌ

balançoire

መጫወቻዎች

jouets

የቪዲዮ መጫወቻ

console de jeu

ባለ ሶስት ጎማ ብስክሌት

tricycle

የአሻንጉሊት ድብ

ours en peluche

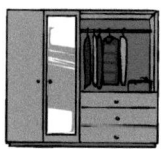

ቁምሳጥን

armoire

አልባሳት

vêtements

ካልሲዎች

chaussettes

ስቶኪንጎች

bas

ታይት

collant

የአንገት ልብስ
écharpe

parapluie

ከናቴራ
t-shirt

ቀበቶ
ceinture

ቦቲ
bottes

ስኒከሮች
baskets

የቤት ዉስጥ ነጠላ ጫማ
pantoufles

ነጠላ ጫማዎች
....
sandales

ጫማዎች
....
chaussures

የዝናብ ቡትስ
....
bottes de caoutchouc

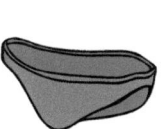

ሙታንታ
....
sous-vêtements

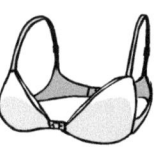

ጡት መያዣ
....
soutien-gorge

ሰደርያ
....
maillot de corps

ሰዉነት

body

ሱሪዎች

pantalon

ጅንስ

jean

ጉርድ ቀሚስ

jupe

ሸሚዝ

chemisier

ሸሚዝ

chemise

የሚጠለቅ ሹራብ

pull

ሹራብ

sweat à capuche

ዩኒፎርም ጃኬት

veste

ጃኬት

veste

ኮት

manteau

የዝናብ ኮት

imperméable

ልብስ

costume

ቀሚስ

robe

የሙሽራ ቀሚስ

robe de mariée

ሱፍ

costume

የለሊት ልብስ

chemise de nuit

የለሊት ልብስ

pyjama

ረጅም ቀሚስ

sari

ሂጃብ

foulard

ጥምጣም

turban

ቡርቃ

burqa

ሸርጥ

caftan

አባያ

abaya

የዋና ልብስ

maillot de bain

አጭር ቁምጣ

maillot de bain

ቁምጣዎች

short

የስራ ቱታ

tenue d'entraînement

ሸርጥ

tablier

ጓንት

gants

ቁልፍ

bouton

መነፅር

lunettes

አምባር

bracelet

የአንገት ሀብል

collier

ቀለበት

bague

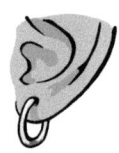

የጆሮ ጌጥ

boucle d'oreille

ኮፍያ

bonnet

የኮት መስቀያ

cintre

ኮፍያ

chapeau

ከረቫት

cravate

ዚፕ

fermeture éclair

የብረት ቆብ

casque

መደገፊያ

bretelles

የትምህርት ቤት የደንብ ልብስ

uniforme scolaire

የደንብ ልብስ

uniforme

መሃረብ

bavoir

የእንጀራ እናት ጡጦ

sucette

ሽንት ጨርቅ

lange

ቢሮ

bureau

የፋይል መደርደሪያ ካቢኔ
armoire d'archivage

ማሰራጪ ጣቢያ
serveur

ወረቀት
papier

የህትመት መሳሪያ
imprimante

መቆጣጠሪያ
écran

ማህደር
classeur

መግፊያ ጠረጴዛ
bureau

ማዉዝ
souris

የቆሻሻ ወረቀት መጣያ
ቅርጫት
corbeille à papier

የመፃፊ ቁልፎች
clavier

ኮምፒዉተር
ordinateur

ወንበር
chaise

የቡና መጠጫ ትልቅ ኩባያ

tasse de café

ማስሊያ ማሽን

calculatrice

ኢንተርኔት

internet

ላፕቶፕ

ordinateur portable

ደብዳቤ

lettre

መልዕክት

message

ተንቀሳቃሽ ስልክ

portable

የግንኙነት አዉታር

réseau

ማባዣ ማሽን

photocopieuse

ሶፍትዌር

logiciel

ስልክ

téléphone

የግድግዳ ሶኬት

prise

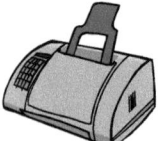

የፋክስ ማሽን

fax

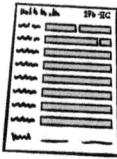

ቅፅ

formulaire

ሰነድ

document

መግዛት
acheter

መክፈል
payer

መነገድ
faire du commerce

ገንዘብ
monnaie

ዶላር
dollar

ዩሮ
euro

የን
yen

ሩብል
rouble

የስዊዝ ፍራንክ
franc suisse

ሬንሚንቢ ዩዋን
renminbi yuan

ሩጲ
roupie

የገንዘብ ነጥብ
distributeur automatique

የዉጭ ገንዘብ ምንዛሪ ቢሮ
....
bureau de change

ወርቅ
....
or

ብር
....
argent

ዘይት
....
pétrole

ሀይል፤ ጉልበት
....
énergie

ዋጋ
....
prix

ግንኙነት
....
contrat

ቀረጥ
....
taxe

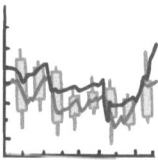

አክስዮን
....
action

መስራት
....
travailler

ተቀጣሪ
....
employé

ቀጣሪ
....
employeur

ፋብሪካ
....
usine

ሱቅ
....
magasin

የስራ ሙያዎች

professions

የፖሊስ አዛዥ
agent de police
የእሳት አደጋ ሰራተኛ
pompier
ምግብ አብሳይ
cuisinier
ዶክተር
médecin
አብራሪ
pilote

አትክልተኛ

jardinier

አናጢ

menuisier

ልብስ ሰፊ ሴት

couturière

ዳኛ

juge

ቀማሚ

chimiste

ተዋናይ

acteur

የአዉቶቢስ ሹፌር

....

conducteur de bus

የታክሲ ሹፌር

....

chauffeur de taxi

አሳ አጥማጅ

....

pêcheur

ፅዳት ሰራተኛ

....

femme de ménage

የጣራ ሰራተኛ

....

couvreur

አስተናጋጅ

....

serveur

አዳኝ

....

chasseur

ሰዓሊ

....

peintre

ጋጋሪ

....

boulanger

የኤሌትሪክ ሰራተኛ

....

électricien

ገምቢ

....

ouvrier

መሃንዲስ

....

ingénieur

ልኳንዳ

....

boucher

የቧንቧ ሰራተኛ

....

plombier

የፖስታ ሰራተኛ

....

facteur

ወታደር

soldat

መሃንዲስ

architecte

የሒሳብ ሰራተኛ

caissier

አበባ ሻጭ

fleuriste

የፀጉር ሰራተኛ

coiffeur

ቲኬት ቆራጭ

contrôleur

መካኒክ

mécanicien

ካፒቴን

capitaine

የጥርስ ሐኪም

dentiste

ተመራማሪ

scientifique

መምህር

rabbin

የሙስሊም ሃይማኖታዊ መሪ

imam

መነኩሴ

moine

ካህን

prêtre

መሳሪያዎች

outils

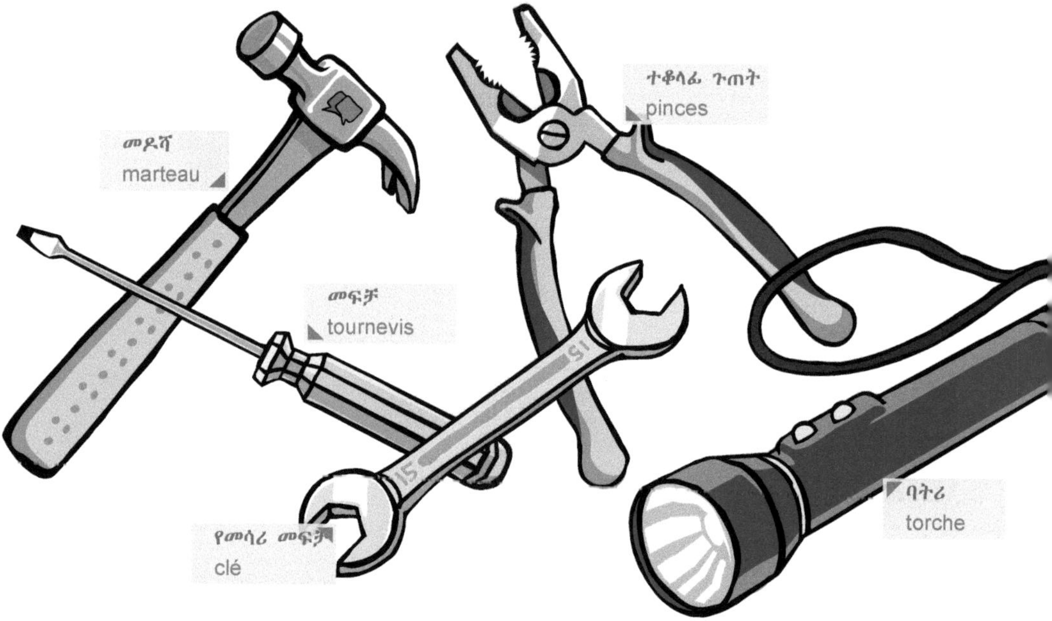

መዶሻ
marteau
ተቆላፊ ጉጠት
pinces
መፍቻ
tournevis
የመሳሪ መፍቻ
clé
ባትሪ
torche

በቁፋሮ የሚዝቅ

pelleteuse

የመፍቻ ሳጥን

boîte à outils

መሰላል

échelle

መጋዝ

scie

ምስማር

clous

መሰርሰሪያ

perceuse

መጠገን

réparer

አካፋ

pelle

የተረገመ!

Mince !

ቆሻሻ ማፈሻ

pelle

የቀለም ቆርቆሮ

pot de peinture

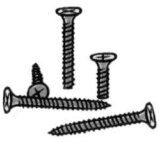

ብሎን

vis

የሙዚቃ መሳሪያዎች

instruments de musique

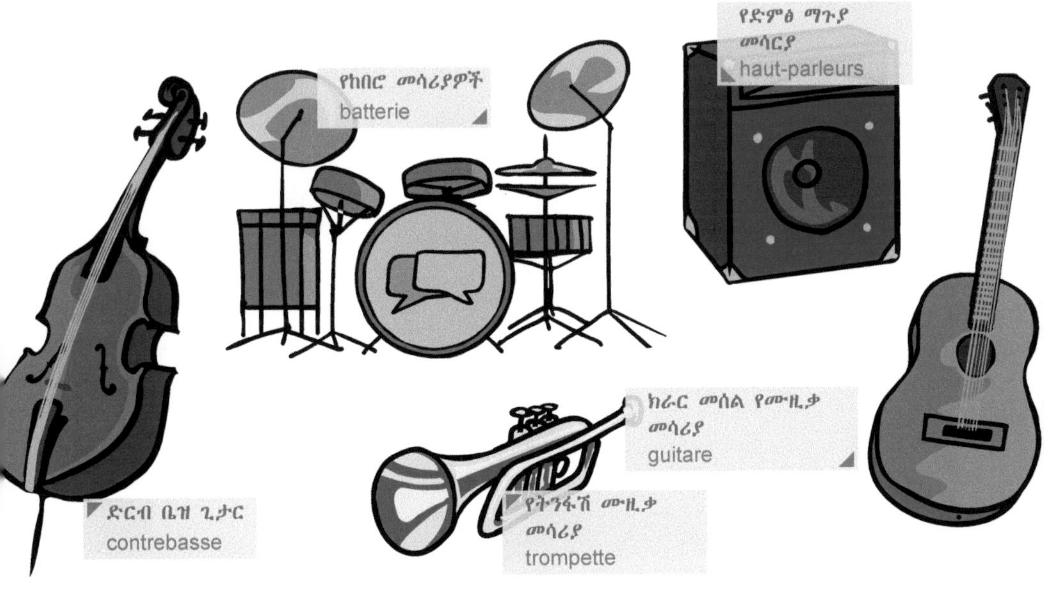

የድምፅ ማጉያ መሳርያ
haut-parleurs
የከበሮ መሳሪያዎች
batterie
ክራር መሰል የሙዚቃ መሳሪያ
guitare
የትንፋሽ ሙዚቃ መሳሪያ
trompette
ድርብ ቤዝ ጊታር
contrebasse

ፒያኖ

piano

ቫዮሊን

violon

ወፍራም፤ ጎርናና ድምፅ ያለዉ
ክራር መሰል ሙዚቃ መሳሪያ

basse

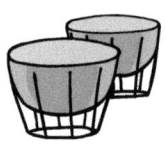

ነጋሪት

timbales

ከበሮ

tambour

በኤሌክትሪክ የሚሰራ ፒኖ

piano électrique

የትንፋሽ ሙዚቃ መሳሪያ

saxophone

ዋሽንት

flûte

የድምፅ ማጉያ

microphone

የደር እንስሳት ማቆያ

ZOO

ነብር
tigre
መግቢያ
entrée
ሳጥን
cage
የሜዳ አህያ
zèbre
የእንስሳ ምግብ
alimentation animale
ትልቅ ድብ
panda

እንስሳቶች

animaux

ዝሆን

éléphant

ካንጋሮ

kangourou

አዉራሪስ

rhinocéros

ትልቅ ዝንጀሮ

gorille

ድብ

ours

ግመል

chameau

ሰጎን

autruche

አንበሳ

lion

ጦጣ

singe

ቅልጥመ ረዥም ወፍ

flamand rose

በቀቀን

perroquet

የወዋልታ ድብ

ours polaire

የዋልታ ወፎች

pingouin

ረጅም ጥርሶች ያሉትአሳ ነባሪ

requin

ጣዎስ

paon

እባብ

serpent

አዞ

crocodile

የዱር አራዊት የሚጠበቁበት ማቆያን የሚጠብቅ

gardien de zoo

አሳ በሊታ የባህር እንስሳ

phoque

የዱር ድመት

jaguar

ድንክ ፈረስ

poney

ነብር

léopard

ጉማሬ

hippopotame

ቀጭኔ

girafe

ንስር

aigle

ከርከሮ

sanglier

አሳ

poisson

የባህር ኤሊ

tortue

የባህር አዉሬ

morse

ቀበሮ

renard

የሜዳ ፍየል፤ ሚዳቋ

gazelle

የስፖርት አይነቶች

sports

የአሜሪካ እግርኳስ
american Football
የብስክሌት ስፖርት
cyclisme
ቴኒስ
tennis
የቅርጫት ኳስ
basket-ball
ዋና
natation
የቡጢ ስፖርት
boxe
የበረዶ ላይ የገና ጨዋታ
hockey sur glace

እግር ኳስ

....

football

የላባ ኳስ ጨዋታ

....

badminton

አትሌቲክስ

....

athlétisme

የእጅ ኳስ ስፖርት

....

handball

የበረዶ መንሸራተት ስፖርት

....

ski

ፈረስ ግልቢያ

....

polo

እንቅስቃሴዎች

activités

መሳቅ
rire
መዝለል
sauter
ማቀፍ
embrasser
መራመድ
marcher
መዘመር
chanter
ህልም ማለም
rêver
መፀለይ
prier
መሳም
faire la bise

መፃፍ

écrire

መሳል

dessiner

ማሳየት

montrer

መግፋት

pousser

መስጠት

donner

መዉሰድ

prendre

መያዝ

avoir

ማድረግ

faire

መሆን

être

መቆም

être debout

መሮጥ

courir

መሳብ

trier

መወርወር

jeter

መዉደቅ

tomber

መዋሸት

être couché

መጠበቅ

attendre

መሸከም

porter

መቀመጥ

être assis

መልበስ

s'habiller

መተኛት

dormir

መንቃት

se réveiller

መመልከት
....
regarder

ማለልቀስ
....
pleurer

መጫር
....
caresser

ማበጠር
....
peigner

ማውራት
....
parler

መረዳት
....
comprendre

ጥያቄ
....
demander

ማዳመጥ
....
écouter

መጠጣት
....
boire

መብላት
....
manger

ማንፃት
....
ranger

ማፍቀር
....
aimer

ምግብ ማብሰል
....
cuire

መንዳት
....
conduire

መብረር
....
voler

መርከብ መንዳት

faire de la voile

ቁጥሮችን ማስላት

calculer

ማንበብ

lire

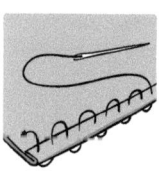

መማር

apprendre

መስራት

travailler

ማግባት

se marier

መስፋት

coudre

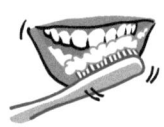

ጥርስ መቦረሽ

brosser les dents

መግደል

tuer

ማጨስ

fumer

መላክ

envoyer

ቤተሰብ

famille

የሴት አያት
grand-mère
የወንድ አያት
grand-père
አባት
père
እናት
mère
ህፃን
bébé
ሴት ልጅ
fille
ወንድ ልጅ
fils

እንግዳ

hôte

አክስት

tante

አጎት

oncle

ወንድም

frère

እህት

sœur

አካል

corps

ግንባር
front
œil
épaule
ጣት
doigt
ፊት
visage
አገጭ
menton
እጅ
main
እግር
jambe
ጡት
poitrine
ክንድ
bras

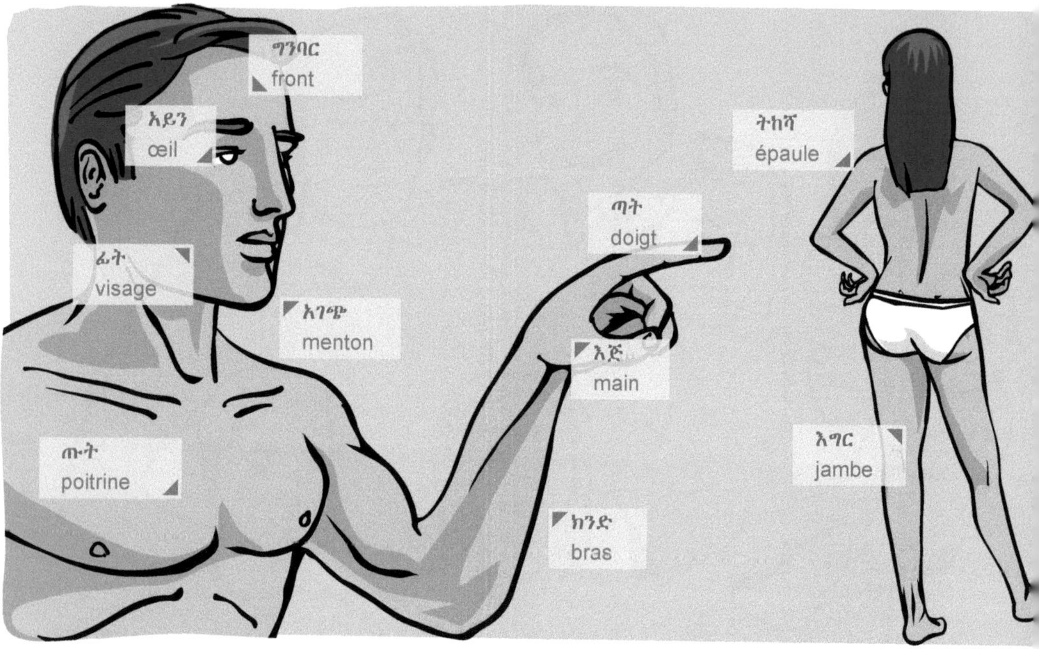

ህፃን

bébé

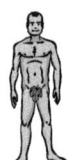

ሰዉ

homme

ሴት

femme

ልጃገረድ

fille

ወንድ ልጅ

garçon

ራስ

tête

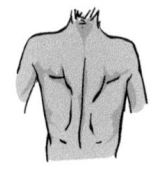

ጀርባ
dos

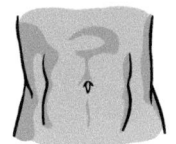

ሆድ
ventre

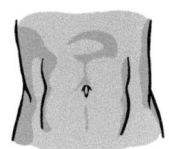

እምብርት
nombril

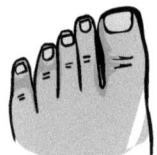

የእግር ጣት
orteil

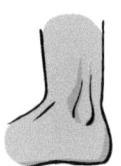

ተረከዝ
talon

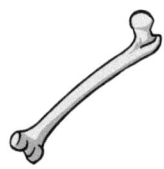

አጥንት
os

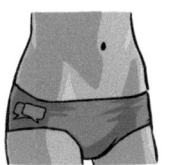

ዳሌ
hanche

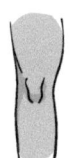

ጉልበት
genou

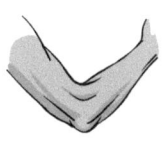

ክርን
coude

አፍንጫ
nez

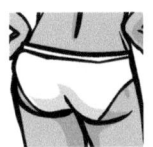

ቂጥ
fesses

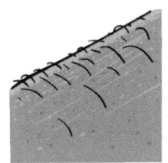

ቆዳ
peau

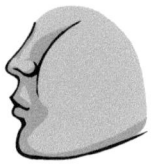

ጉንጭ
joue

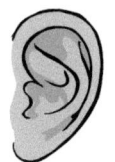

ጆሮ
oreille

ከንፈር
lèvre

አፍ

bouche

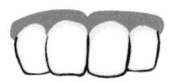

ጥርስ

dent

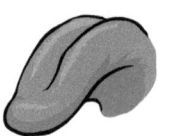

ምላስ

langue

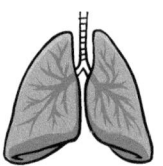

አንጎል

cerveau

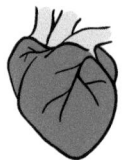

ልብ

cœur

ጡንቻ

muscle

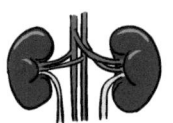

ሳምባ

poumons

ጉበት

foie

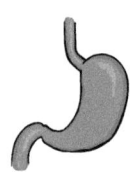

ሆድ

estomac

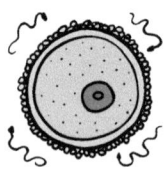

ኩላሊቶች

reins

የግብረስጋ ግንኙነት

rapport sexuel

ኮንዶም

préservatif

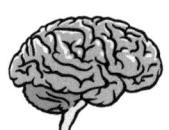

የሴት እንቁላል

ovule

የዘር ፈሳሽ

sperme

እርግዝና

grossesse

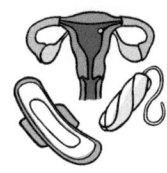

የወር አበባ
·········
menstruation

እምስ
·········
vagin

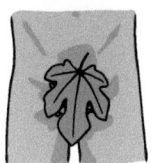

ቁላ
·········
pénis

ቅንድብ
·········
sourcil

ፀጉር
·········
cheveux

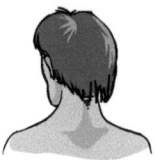

አንገት
·········
cou

ሆስፒታል

hôpital

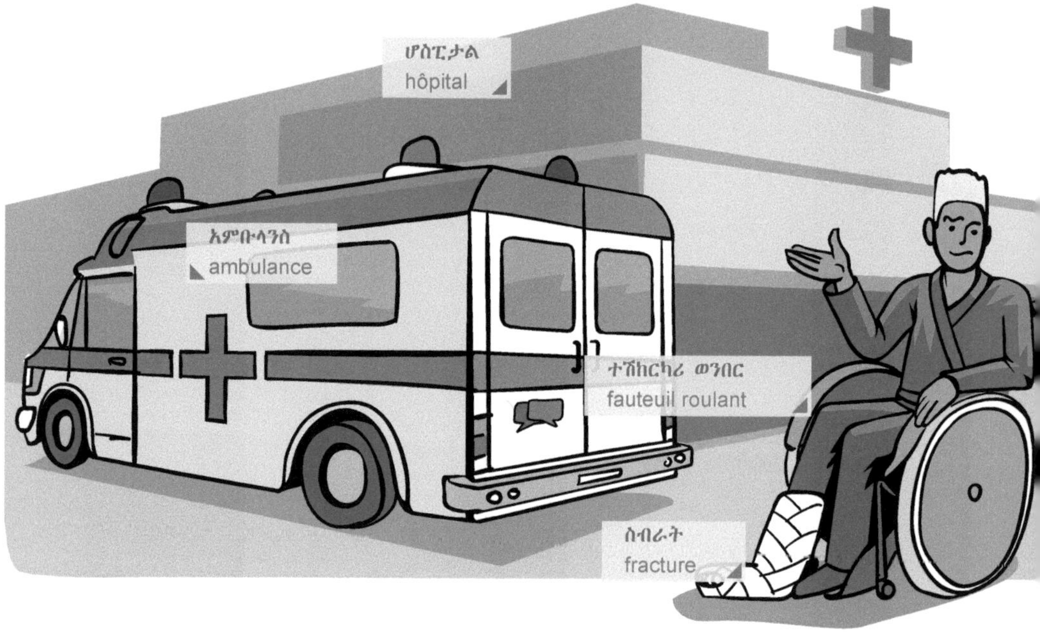

ሆስፒታል
hôpital
አምቡላንስ
ambulance
ተሽከርካሪ ወንበር
fauteuil roulant
ስብራት
fracture

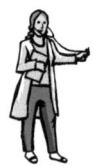

ዶክተር

médecin

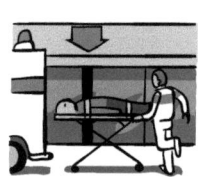

ድንገተኛ ክፍል

service des urgences

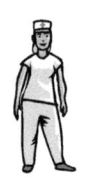

ነርስ

infirmière

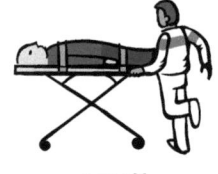

ድንገተኛ

urgence

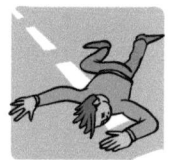

ራስን መሳት/ አለማወቅ

inconscient

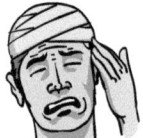

ህመም

douleur

ጉዳት

blessure

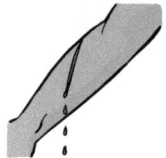

መድማት

hémorragie

የልብ ድካም

crise cardiaque

ስትሮክ

attaque cérébrale

አለርጂ

allergie

ሳል

toux

ትኩሳት

fièvre

ኢንፍሎዌንዛ

grippe

ተቅማጥ

diarrhée

የራስ ምታት

mal de tête

ካንሰር

cancer

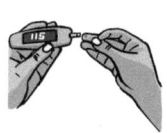

የስኳር በሽታ

diabète

ቀዶ ጠጋኝ ሐኪም

chirurgien

የቀዶ ጥገና ስለት

scalpel

ቀዶ ጥገና

opération

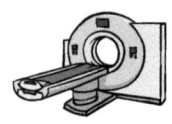

ሲቲ

CT

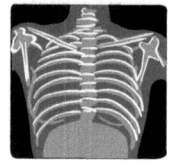

ኤክስሬይ

radiographie

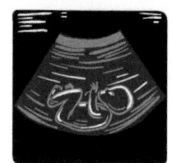

አልትራሳዉንድ

échographie

የፊት ጭምብል

masque

በሽታ

maladie

መጠበቂያ ክፍል

salle d'attente

ምርኩዝ

béquille

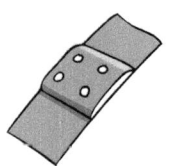

የቁስል ማሽጊያ

pansement

ፋሻ

pansement

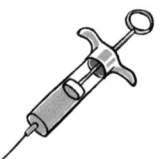

መርፌ

injection

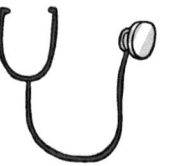

የልብ ምት ማዳመጫ መሳሪያ

stéthoscope

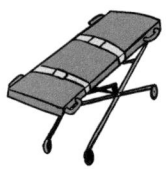

የበሽተኛ አልጋ

brancard

የህክምና ሙቀት መለኪያ መሳሪያ

thermomètre

መውለድ

accouchement

ከልክ ያለፈ ክብደት

surcharge pondérale

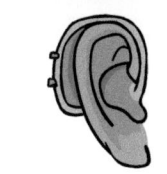

ለመስማት የሚረዳ መሳሪያ

appareil auditif

ፀረ ተባይ መድሀኒት

désinfectant

ማመርቀዝ

infection

ቫይረስ

virus

ኤች አይቪ ኤድስ

VIH / sida

ህክምና

médicament

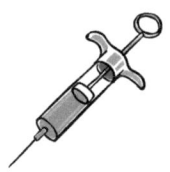

ክትባት

vaccination

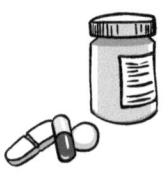

ኪኒን

comprimés

ኪኒን

pilule

አስቸኳይ የስልክ ጥሪ

appel d'urgence

ደም ግፊት መቆጣጠሪያ

tensiomètre

ህመም/ ጤንነት

malade / sain

ድንገተኛ

urgence

እርዳታ!

Au secours !

ማንቂያ ደወል

alarme

ጥቃት

assaut

ድብደባ

attaque

አደጋ

danger

የድንገተኛ መዉጫ

sortie de secours

እሳት!

Au feu!

እሳት ማጥፊያ

extincteur

አደጋ

accident

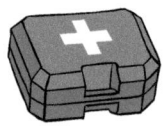

የመጀመሪያ እርዳታ መድሃኒት መያዣ

trousse de premier secours

ነፍስ አድን

SOS

ፖሊስ

police

አዉሮፓ
....
Europe

ሰሜን አሜሪካ
....
Amérique du Nord

ደቡብ አሜሪካ
....
Amérique du Sud

አፍሪካ
....
Afrique

እስያ
....
Asie

አዉስትራሊያ
....
Australie

አትላንቲክ
....
Océan atlantique

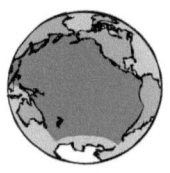

ፓስፊክ
....
Océan pacifique

የህንድ ዉቅያኖስ
....
Océan indien

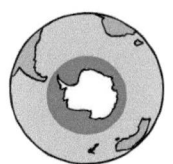

አንታርክቲክ ዉቅያኖስ
....
Océan antarctique

አርክቲክ ዉቅያኖስ
....
Océan arctique

ሰሜን ዋልታ
....
pôle nord

ደቡብ ዋልታ

pôle sud

አንታርክቲካ

Antarctique

ምድር

terre

መሬት

pays

ባህር

mer

ደሴት

île

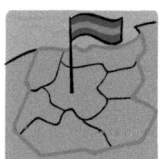

አገርና ህዝብ

nation

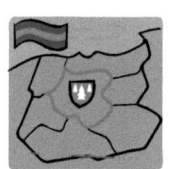

መንግስት

état

ሰዓት

...heure(s)

የሰዓት ገፅታ

cadran

ሰዓት

aiguille des heures

ደቂቃ

aiguille des minutes

ሴኮንድ

aiguille des secondes

ስንት ሰዓት ነው?

Quelle heure est-il ?

ቀን

jour

ጊዜ

temps

አሁን

maintenant

የቁጥር ሰዐት

montre digitale

ደቂቃ

minute

ሰዓታት

heure

ሳምንት

semaine

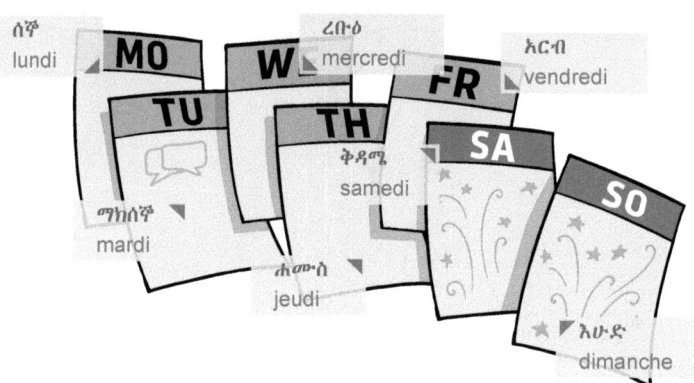

ትላንት
....
hier

ዛሬ
....
aujourd'hui

ነገ
....
demain

ማለዳ
....
matin

ቀትር
....
midi

ምሽት
....
soir

የስራ ቀናት
....
jours ouvrables

የዕረፍት ቀናት
....
week-end

ዝናብ
pluie
ቀስተ ዳመና
arc-en-ciel
ጥጥ የሚመስል አመዳይ
በረዶ
neige
vent
ፀደይ
printemps
በጋ
été
መኸር
automne
ክረምት
hiver

4.APRIL 11°
5.APRIL 4°
6.APRIL 13°
7.APRIL 8°
8.APRIL 10°

የአየር ሁኔታ ትንበያ

....

météo

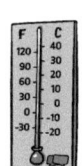

የሙቀት መለኪያ

....

thermomètre

የፀሀይ ሙቀት

....

lumière du soleil

ደመና

....

nuage

ጭጋግ

....

brouillard

እርጥበታማነት

....

humidité

መብረቅ

foudre

ነጎድጓድ

tonnerre

አዉሎ ንፋስ

tempête

የበረዶ ዝናብ

grêle

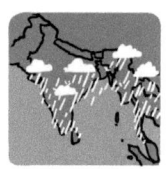

አዉሎ ንፋስ

mousson

ጎርፍ

inondation

በረዶ

glace

ጥር

janvier

የካቲት

février

መጋቢት

mars

ሚያዚያ

avril

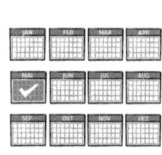

ግንቦት

mai

ሰኔ

juin

ሐምሌ

juillet

ነሀሴ

août

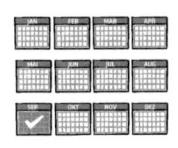

መስከረም

septembre

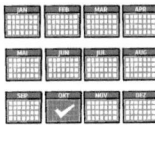

ጥቅምት

octobre

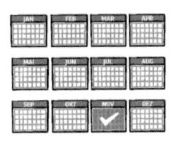

ህዳር

novembre

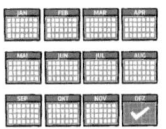

ታህሳስ

décembre

ቅርፆች

formes

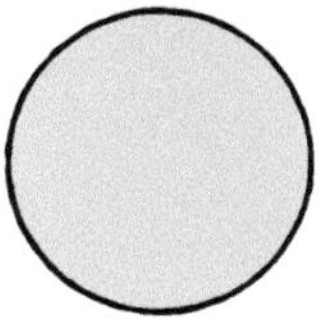

ክብ

cercle

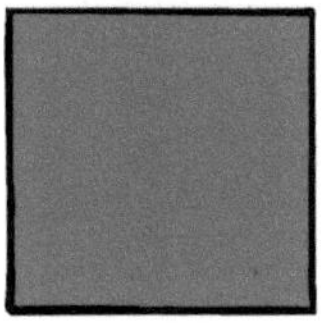

አራት ማዕዘን

carré

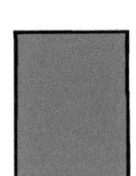

አራት ቀጥተኛ ማዕዘኖች ጎኖች ያሉት ቅርፅ

rectangle

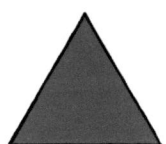

ሶስት ማዕዘን

triangle

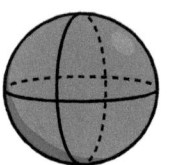

ሉል

sphère

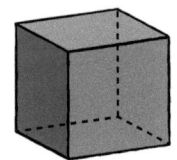

ስድስት ጎን ያለዉ ቅርፅ

cube

ቀለማት

couleurs

ነጭ

blanc

ቢጫ

jaune

ብርቱካናማ

orange

ሮዝ

rose

ቀይ

rouge

ወይን ጠጅ

violet

ሰማያዊ

bleu

አረንጓዴ

vert

ቡኒ

marron

ግራጫ

gris

ጥቁር

noir

ተቃራኒዎች
oppositions

ብዙ/ ጥቂት

beaucoup / peu

ንዴት/ እርጋታ

fâché / calme

ቆንጆ/ አስቀያሚ

joli / laid

ጅማሬ/ ፍፃሜ

début / fin

ትልቅ/ ትንሽ

grand / petit

ደማቅ/ ደብዛዛ

clair / obscure

ወንድም/ እህት

frère / soeur

ንፁህ/ ቆሻሻ

propre / sale

የተሟላ/ ያልተሟላ

complet / incomplet

ቀን/ ምሽት

jour / nuit

የሞተ/ ህያዉ

mort / vivant

ሰፊ/ ጠባብ

large / étroit

የሚበላ/ የማይበላ

comestible / incomestible

ክፉ/ ደግ

méchant / gentil

ደስተኛ/ ድብርተኛ

excité / ennuyé

ወፍራም/ ቀጭን

gros / mince

መጀመርያ/ መጨረሻ

premier / dernier

ጓደኛ/ ጠላት

ami / ennemi

ሙሉ/ ጎዶሎ

plein / vide

ጠንካራ/ ለስላሳ

dur / souple

ከባድ/ ቀላል

lourd / léger

ረሃብ/ ጥማት

faim / soif

ህመም/ ጤንነት

malade / sain

ህገወጥ/ ህጋዊ

illégal / légal

ጎበዝ/ ደደብ

intelligent / stupide

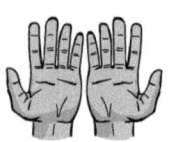

ግራ/ ቀኝ

gauche / droite

ቅርብ/ ሩቅ

proche / loin

አዲስ/ አሮጌ

nouveau / usé

ምንም/ የሆነ ነገር

rien / quelque chose

ሽማግሌ/ ወጣት

vieux / jeune

የበራ/ የጠፋ

marche / arrêt

ክፍት/ ዝግ

ouvert / fermé

ፀጥታ/ ጫጫታ

faible / fort

ሃብታም/ ደሃ

riche / pauvre

ትክክለኛ/ የተሳሳተ

correct / incorrect

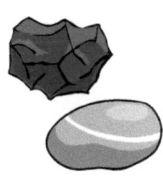

ሻካራ/ ለስላሳ

rugueux / lisse

ሐዘን/ ደስታ

triste / heureux

አጭር/ ረዥም

court / long

ዝግተኛ/ ፈጣን

lent / rapide

እርጥብ/ ደረቅ

mouillé / sec

ሞቃት/ ቀዝቃዛ

chaud / froid

ጦርነት/ ሰላም

guerre / paix

ቁጥሮች

nombres

0	**1**	**2**
ዜሮ	አንድ	ሁለት
zéro	un / une	deux
3	**4**	**5**
ሶስት	አራት	አምስት
trois	quatre	cinq
6	**7**	**8**
ስድስት	ሰባት	ስምንት
six	sept	huit
9	**10**	**11**
ዘጠኝ	አስር	አስራ አንድ
neuf	dix	onze

12

አስራ ሁለት

douze

13

አስራ ሶስት

treize

14

አስራ አራት

quatorze

15

አስራ አምስት

quinze

16

አስራ ስድስት

seize

17

አስራ ሰባት

dix-sept

18

አስራ ሰስምንት

dix-huit

19

አስራ ዘጠኝ

dix-neuf

20

ሃያ

vingt

100

መቶ

cent

1.000

ሺህ

mille

1.000.000

ሚሊዮን

million

ቋንቋዎች

langues

እንግሊዝኛ

anglais

የአሜሪካ እንግሊዝኛ

anglais américain

የቻይና ማንዳሪን

chinois mandarin

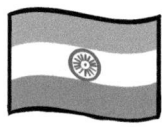

ሂንዱ

hindi

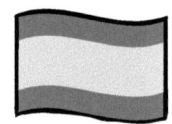

ስፓኒሽ

espagnol

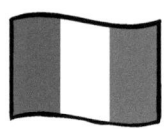

ፍሬንች

français

አረብኛ

arabe

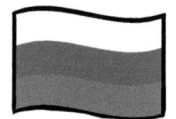

ራሺያኛ

russe

ፖርቹጊዝ

portugais

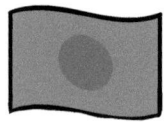

ቤንጋሊ

bengali

ጀርመን

allemand

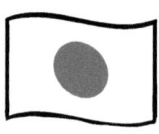

ጃፓንኛ

japonais

እኔ

je

አንተ

tu

♂ ♀ ○

እሱ/ እርሷ/ እቃዉ

il / elle / ce, c', cela

እኛ

nous

አንተ

vous

እነርሱ

ils / elles

ማን?

Qui ?

ምን?

Quoi ?

እንዴት?

Comment ?

የት?

Où ?

መቼ?

Quand ?

ስም

nom

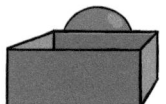

የት

où

በስተጀርባ

derrière

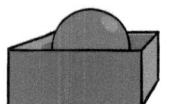

ውስጥ

dans

ከፊት ለፊት

devant

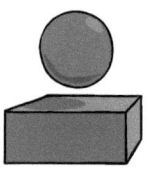

ከላይ

au-dessus

ላይ

sur

ከስር

en-dessous

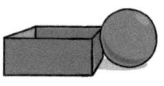

አጠገብ

à côté de

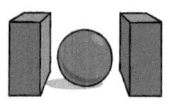

መሃከል

entre

ቦታ

lieu